TRANSLATE

Translated Language Learning

The Little Mermaid

Русалочка

Hans Christian Andersen

English / Русский

Copyright © 2023 Tranzlaty
All rights reserved.
Published by Tranzlaty
ISBN: 978-1-83566-291-5
Original text by Hans Christian Andersen
Den Lille Havfrue
First published in Danish in 1837
www.tranzlaty.com

The Little Mermaid
Русалочка

Far out in the ocean, where the water is blue
Далеко в океане, где вода голубая
here the water is as blue as the prettiest cornflower
Здесь вода голубая, как самый красивый василек
and the water is as clear as the purest crystal
А вода прозрачна, как чистейший хрусталь
this water, far out in the ocean is very, very deep
Эта вода, далеко в океане, очень, очень глубокая
water so deep, indeed, that no cable could reach the bottom
Вода была настолько глубокой, что ни один кабель не мог дотянуться до дна
you could pile many church steeples upon each other
Можно было бы нагромоздить друг на друга множество церковных шпилей
but they would not reach the surface of the water
Но они не дойдут до поверхности воды
There dwell the Sea King and his subjects
Там живут Морской Царь и его подданные
you might think it is just bare yellow sand at the bottom
Вы можете подумать, что это просто голый желтый песок на дне
but we must not imagine that there is nothing there
Но мы не должны воображать, что там ничего нет
on this sand grow the strangest flowers and plants
На этом песке растут самые диковинные цветы и растения
and you can't imagine how pliant the leaves and stems are
И вы не представляете, насколько податливы листья и стебли
the slightest agitation of the water causes them to stir
малейшее перемешивание воды заставляет их шевелиться
it is as if each leaf had a life of their own
Как будто каждый лист живет своей собственной жизнью

Fishes, both large and small, glide between the branches
Рыбы, как большие, так и маленькие, скользят между ветвями
just like when birds fly among the trees here upon land
Точно так же, как птицы летают среди деревьев здесь, на суше

In the deepest spot of all stands a beautiful castle
В самом глубоком месте стоит красивый замок
this beautiful castle is the castle of the Sea King
Этот прекрасный замок - замок Морского Царя
the walls of the castle are built of coral
Стены замка построены из коралла
and the long Gothic windows are of the clearest amber
а длинные готические окна из чистейшего янтаря
The roof of the castle is formed of sea shells
Крыша замка сложена из морских ракушек
and the shells open and close as the water flows over them
и раковины открываются и закрываются по мере того, как вода течет по ним
Their appearance is more beautiful than can be described
Их внешний вид прекраснее, чем можно описать
within each shell there lies a glittering pearl
Внутри каждой раковины находится сверкающая жемчужина
and each pearl would be fit for the diadem of a queen
И каждая жемчужина подходила бы для диадемы царицы

The Sea King had been a widower for many years
Морской царь уже много лет был вдовцом
and his aged mother kept house for him
и его престарелая мать держала для него дом
She was a very sensible woman
Она была очень здравомыслящей женщиной
but she was exceedingly proud of her high birth
Но она чрезвычайно гордилась своим высоким происхождением

and on that account she wore twelve oysters on her tail
По этой причине она носила на хвосте двенадцать устриц
others of high rank were only allowed to wear six oysters
Другим, занимавшим более высокое положение, разрешалось носить только шесть устриц
She was, however, deserving of very great praise
Тем не менее, она заслуживала очень большой похвалы
there was something she especially deserved praise for
Было кое-что, за что она особенно заслуживала похвалы
she took great care of the the little sea princesses
Она очень заботилась о маленьких морских принцессах
she had six granddaughters that she loved
У нее было шесть внучек, которых она любила
all the sea princesses were beautiful children
Все морские принцессы были прекрасными детьми
but the youngest sea princess was the prettiest of them
Но самая молодая Морская Принцесса была самой красивой из них
Her skin was as clear and delicate as a rose leaf
Ее кожа была чистой и нежной, как розовый лист
and her eyes were as blue as the deepest sea
И глаза ее были голубы, как самое глубокое море
but, like all the others, she had no feet
Но, как и у всех остальных, у нее не было ног
and at the end of her body was a fish's tail
а на конце ее тела был рыбий хвост

All day long they played in the great halls of the castle
Целыми днями они играли в больших залах замка
out of the walls of the castle grew beautiful flowers
Из стен замка росли прекрасные цветы
and she loved to play among the living flowers, too
А еще она любила играть среди живых цветов
The large amber windows were open, and the fish swam in
Большие янтарные окна были открыты, и рыбки плавали в них
it is just like when we leave the windows open

Это похоже на то, как если бы мы оставили окна открытыми
and then the pretty swallows fly into our houses
А потом в наши дома залетают милые ласточки
only the fishes swam up to the princesses
только рыбы подплыли к принцессам
they were the only ones that ate out of their hands
Они были единственными, кто ел из рук
and they allowed themselves to be stroked by them
И они позволяли им гладить себя

Outside the castle there was a beautiful garden
За пределами замка был разбит прекрасный сад
in the garden grew bright-red and dark-blue flowers
В саду росли ярко-красные и темно-синие цветы
and there grew blossoms like flames of fire
И росли цветы, как пламя огня
the fruit on the plants glittered like gold
Плоды на растениях сверкали, как золото
and the leaves and stems continually waved to and fro
и листья и стебли беспрестанно колыхались взад и вперед
The earth on the ground was the finest sand
Земля на земле была мельчайшим песком
but it does not have the colour of the sand we know
Но у него нет того цвета песка, который мы знаем
it is as blue as the flame of burning sulphur
Он синий, как пламя горящей серы
Over everything lay a peculiar blue radiance
Над всем лежало своеобразное голубое сияние
it is as if the blue sky were everywhere
Как будто повсюду голубое небо
the blue of the sky was above and below
Голубизна неба была вверху и внизу
In calm weather the sun could be seen
В безветренную погоду было видно солнце
from here the sun looked like a reddish-purple flower
Отсюда солнце выглядело как красновато-фиолетовый

цветок
and the light streamed from the calyx of the flower
и свет струился из чашечки цветка

the palace garden was divided into several parts
Дворцовый сад был разделен на несколько частей
Each of the princesses had their own little plot of ground
У каждой из принцесс был свой маленький участок земли
on this plot they could plant whatever flowers they pleased
На этом участке они могли сажать любые цветы, какие им заблагорассудится
one princess arranged her flower bed in the form of a whale
Одна принцесса устроила свою клумбу в виде кита
one princess arranged her flowers like a little mermaid
Одна принцесса расставляла цветы, как русалочка
and the youngest child made her garden round, like the sun
И младшая девочка сделала свой сад круглым, как солнце
and in her garden grew beautiful red flowers
И в ее саду росли прекрасные красные цветы
these flowers were as red as the rays of the sunset
Эти цветы были красными, как лучи заката

She was a strange child; quiet and thoughtful
Она была странным ребенком; Тихий и вдумчивый
her sisters showed delight at the wonderful things
Ее сестры были в восторге от чудесных вещей
the things they obtained from the wrecks of vessels
вещи, которые они добывали из обломков судов
but she cared only for her pretty red flowers
Но она заботилась только о своих красивых красных цветах
although there was also a beautiful marble statue
Хотя была и красивая мраморная статуя
It was the representation of a handsome boy
Это было изображение красивого мальчика
it had been carved out of pure white stone
Он был высечен из чистого белого камня

and it had fallen to the bottom of the sea from a wreck
и он упал на дно море от крушения
this marble statue of a boy she cared about too
эта мраморная статуя мальчика, о котором она тоже заботилась

She planted, by the statue, a rose-colored weeping willow
Она посадила рядом со статуей плакучую иву розового цвета
and soon the willow hung its fresh branches over the statue
И вскоре ива повесила над статуей свои свежие ветви
the branches almost reached down to the blue sands
ветви почти доходили до голубых песков
The shadows of the tree had the color of violet
Тени от дерева были фиолетового цвета
and the shadows waved to and fro like the branches
И тени колыхались взад и вперед, как ветви,
all of this created the most interesting illusion
Все это создавало интереснейшую иллюзию
as if the crown of the tree and the roots were playing
Как будто играли крона дерева и корни
it looked as if they were trying to kiss each other
Это выглядело так, как будто они пытались поцеловать друг друга

her greatest pleasure was hearing about the world above
Больше всего ей нравилось слышать о мире наверху
the world above the deep sea she lived in
Мир над морскими глубинами, в которых она жила,
She made her old grandmother tell her all about it
Она заставила свою старую бабушку рассказать ей обо всем
the ships and the towns, the people and the animals
Корабли и города, люди и животные
up there the flowers of the land had fragrance
Там, наверху, благоухали цветы земли
the flowers below the sea had no fragrance

Цветы под морем не благоухали
up there the trees of the forest were green
Там, наверху, деревья в лесу были зелеными
and the fishes in the trees could sing beautifully
И рыбы на деревьях могли красиво петь
up there it was a pleasure to listen to the fish
там, наверху, было приятно послушать рыбу
her grandmother called the birds fishes
Ее бабушка называла птиц рыбками
else the little mermaid would not have understood
иначе русалочка не поняла бы
because the little mermaid had never seen birds
потому что русалочка никогда не видела птиц

her grandmother told her about the rites of mermaids
Бабушка рассказала ей об обрядах русалок
"one day you will reach your fifteenth year"
«Когда-нибудь тебе исполнится пятнадцать лет»
"then you will have permission to go to the surface"
"Тогда у вас будет разрешение выйти на поверхность"
"you will be able to sit on the rocks in the moonlight"
«Вы сможете посидеть на камнях в лунном свете»
"and you will see the great ships go sailing by"
«И ты увидишь, как проплывают большие корабли»
"Then you will see forests and towns and the people"
«Тогда ты увидишь леса, города и людей»

the following year one of the sisters would be fifteen
В следующем году одной из сестер исполнилось пятнадцать лет
but each sister was a year younger than the other
Но каждая сестра была на год младше другой
the youngest would have to wait five years before her turn
Самой младшей придется ждать пять лет, прежде чем наступит ее очередь
only then could she rise up from the bottom of the ocean
Только тогда она смогла подняться со дна океана

and only then could she see the earth as we do
И только тогда она могла видеть землю так, как видим ее мы
However, each of the sisters made each other a promise
Однако каждая из сестер дала друг другу обещание
they were going to tell the others what they had seen
Они собирались рассказать остальным о том, что они видели
Their grandmother could not tell them enough
Их бабушка не могла сказать им достаточно
there were so many things they wanted to know about
Было так много вещей, о которых они хотели знать

the youngest sister longed for her turn the most
Младшая сестра больше всего ждала своей очереди
but, she had to wait longer than all the others
Но ей пришлось ждать дольше всех остальных
and she was so quiet and thoughtful about the world
И она была такой тихой и задумчивой по отношению к миру
there were many nights where she stood by the open window
Было много ночей, когда она стояла у открытого окна
and she looked up through the dark blue water
И она посмотрела вверх сквозь темно-синюю воду
and she watched the fish as they splashed with their fins
И она смотрела, как рыбы плещутся плавниками
She could see the moon and stars shining faintly
Она видела луну и тускло сияющие звезды
but from deep below the water these things look different
Но с глубины воды эти вещи выглядят по-другому
the moon and stars looked larger than they do to our eyes
Луна и звезды казались больше, чем нам кажется
sometimes, something like a black cloud went past
Иногда мимо проплывало что-то вроде черной тучи
she knew that it could be a whale swimming over her head
Она знала, что это может быть кит, плывущий над ее

головой
or it could be a ship, full of human beings
Или это может быть корабль, полный людей
human beings who couldn't imagine what was under them
людей, которые не могли себе представить, что находится под ними
a pretty little mermaid holding out her white hands
Хорошенькая русалочка протягивает свои белые руки
a pretty little mermaid reaching towards their ship
Симпатичная русалочка тянется к их кораблю

the day came when the eldest had her fifteenth birthday
Настал день, когда старшей исполнилось пятнадцать лет
now she was allowed to rise to the surface of the ocean
Теперь ей разрешили подняться на поверхность океана
and that night she swum up to the surface
И в ту же ночь она выплыла на поверхность
you can imagine all the things she saw up there
Можете себе представить, что она там видела
and you can imagine all the things she had to talk about
И вы можете себе представить, обо всех вещах, о которых ей приходилось говорить
But the finest thing, she said, was to lie on a sand bank
Но самое прекрасное, по ее словам, это лежать на песчаной отмели
in the quiet moonlit sea, near the shore
в тихом лунном море, недалеко от берега
from there she had gazed at the lights on the land
Оттуда она смотрела на огни на земле
they were the lights of the near-by town
Они были огнями ближайшего города
the lights had twinkled like hundreds of stars
Огни мерцали, как сотни звезд
she had listened to the sounds of music from the town
Она прислушивалась к звукам музыки из города
she had heard noise of carriages drawn by their horses
Она слышала шум карет, запряженных лошадьми

and she had heard the voices of human beings
И она слышала голоса людей
and the had heard merry pealing of the bells
И услышали веселый звон колоколов,
the bells ringing in the church steeples
Колокола звонят на церковных шпилях
but she could not go near all these wonderful things
Но она не могла приблизиться ко всем этим чудесным вещам
so she longed for these wonderful things all the more
Поэтому она еще больше жаждала этих чудесных вещей

you can imagine how eagerly the youngest sister listened
Можете себе представить, с каким интересом слушала младшая сестра
the descriptions of the upper world were like a dream
Описания Высшего мира были подобны сну
afterwards she stood at the open window of her room
После этого она стояла у открытого окна своей комнаты
and she looked to the surface, through the dark-blue water
И она посмотрела на поверхность, сквозь темно-синюю воду
she thought of the great city her sister had told her of
Она подумала о великом городе, о котором ей рассказывала сестра
the great city with all its bustle and noise
Большой город со всей его суетой и шумом
she even fancied she could hear the sound of the bells
Ей даже почудилось, что она слышит звон колоколов
she imagined their sound carried to the depths of the sea
Она представила, как их звуки доносятся до морских глубин

after another year the second sister had her birthday
Еще через год у второй сестры был день рождения
she too received permission to rise to the surface
Она тоже получила разрешение подняться на поверхность

and from there she could swim about where she pleased
И оттуда она могла плыть, куда ей заблагорассудится
She had gone to the surface just as the sun was setting
Она вынырнула на поверхность как раз в тот момент, когда солнце садилось
this, she said, was the most beautiful sight of all
Это, по ее словам, было самое прекрасное зрелище из всех
The whole sky looked like a disk of pure gold
Все небо было похоже на диск из чистого золота
and there were violet and rose-colored clouds
И были фиолетовые и розовые облака
they were too beautiful to describe, she said
Они были слишком красивы, чтобы их описать, сказала она
and she said how the clouds drifted across the sky
И она сказала, как облака плыли по небу
and something had flown by more swiftly than the clouds
И что-то пролетело быстрее, чем облака
a large flock of wild swans flew toward the setting sun
большая стая диких лебедей летела навстречу заходящему солнцу
the swans had been like a long white veil across the sea
Лебеди были похожи на длинную белую вуаль над морем
She had also tried to swim towards the sun
Она также пыталась плыть к солнцу
but some distance away the sun sank into the waves
Но где-то вдалеке солнце скрылось в волнах
she saw how the rosy tints faded from the clouds
Она видела, как розовые краски исчезают с облаков
and she saw how the colour had also faded from the sea
И она увидела, что цвет моря тоже поблек

the next year it was the third sister's turn
На следующий год настала очередь третьей сестры
this sister was the boldest of all the sisters
Эта сестра была самой смелой из всех сестер

she swam up a broad river that emptied into the sea
Она плыла вверх по широкой реке, которая впадала в море
On the banks of the river she saw green hills
На берегах реки она увидела зеленые холмы
the green hills were covered with beautiful vines
Зеленые холмы были покрыты прекрасными виноградными лозами
and on the hills there were forests of trees
А на холмах были леса из деревьев
and out of the forests palaces and castles poked out
А из лесов торчали дворцы и замки
She had heard birds singing in the trees
Она слышала пение птиц на деревьях
and she had felt the rays of the sun on her skin
И она чувствовала лучи солнца на своей коже
the rays were so strong that she had to dive back
Лучи были настолько сильными, что ей пришлось нырнуть обратно
and she cooled her burning face in the cool water
И она охладила свое пылающее лицо в прохладной воде
In a narrow creek she found a group of little children
В узком ручье она нашла группу маленьких детей
they were the first human children she had ever seen
Это были первые человеческие дети, которых она когда-либо видела
She wanted to play with the children too
Она тоже хотела поиграть с детьми
but the children fled from her in a great fright
Но дети в великом испуге убежали от нее
and then a little black animal came to the water
И тут к воде подошел маленький черный зверек
it was a dog, but she did not know it was a dog
Это была собака, но она не знала, что это собака
because she had never seen a dog before
потому что она никогда раньше не видела собак
and the dog barked at the mermaid furiously

И собака яростно залаяла на русалку
she became frightened and rushed back to the open sea
Она испугалась и бросилась обратно в открытое море
But she said she should never forget the beautiful forest
Но она сказала, что никогда не должна забывать этот прекрасный лес
the green hills and the pretty children
Зеленые холмы и милые дети
she found it exceptionally funny how they swam
Ей показалось исключительно забавным, как они плавали
because the little human children didn't have tails
Потому что у маленьких человеческих детей не было хвостов
so with their little legs they kicked the water
Поэтому своими маленькими ножками они пинали воду

The fourth sister was more timid than the last
Четвертая сестра была более робкой, чем предыдущая
She had decided to stay in the midst of the sea
Она решила остаться посреди моря
but she said it was as beautiful there as nearer the land
Но она сказала, что там так же красиво, как и ближе к земле
from the surface she could see many miles around her
С поверхности она могла видеть много миль вокруг себя
the sky above her looked like a bell of glass
Небо над ней было похоже на стеклянный колокол
and she had seen the ships sail by
И она видела, как проплывали мимо корабли
but they were at a very great distance from her
Но они были на очень большом расстоянии от нее
and, with their sails, they looked like sea gulls
А своими парусами они были похожи на чаек
she saw how the dolphins played in the waves
Она видела, как дельфины играли в волнах
and great whales spouted water from their nostrils
и огромные киты извергали воду из своих ноздрей

like a hundred fountains all playing together
как сотня фонтанов, играющих вместе,

The fifth sister's birthday occurred in the winter
День рождения пятой сестры пришелся на зиму
so she saw things that the others had not seen
И она увидела то, чего не видели другие
at this time of the year the sea looked green
В это время года море выглядело зеленым
large icebergs were floating on the green water
Большие айсберги плавали на зеленой воде
and each iceberg looked like a pearl, she said
И каждый айсберг был похож на жемчужину, сказала она
but they were larger and loftier than the churches
Но они были больше и выше церквей
and they were of the most interesting shapes
И они были интереснейшей формы
and each iceberg glittered like diamonds
И каждый айсберг сверкал, как бриллианты
She had seated herself on one of the icebergs
Она уселась на один из айсбергов
and she let the wind play with her long hair
И она позволила ветру поиграть с ее длинными волосами
She noticed something interesting about the ships
Она заметила кое-что интересное в кораблях
all the ships sailed past the icebergs very rapidly
Все корабли проплыли мимо айсбергов очень быстро
and they steered away as far as they could
И они отъехали так далеко, как только могли
it was as if they were afraid of the iceberg
Как будто они боялись айсберга
she stayed out at sea into the evening
Она оставалась в море до вечера
the sun went down and dark clouds covered the sky
Солнце село, и темные тучи закрыли небо
the thunder rolled across the ocean of icebergs
Гром прокатился по океану айсбергов

and the flashes of lightning glowed red on the icebergs
и вспышки молний светились красным на айсбергах
and they were tossed about by the heaving sea
И их швыряло вздымающимся морем
all the ships the sails were trembling with fear
Все корабли с парусами дрожали от страха
and the mermaid sat calmly on the floating iceberg
а русалка спокойно сидела на плывущем айсберге
she watched the lightning strike into the sea
Она смотрела, как молния ударила в море

All of her five older sisters had grown up now
Все ее пять старших сестер уже выросли
therefore they could go to the surface when they pleased
поэтому они могли выходить на поверхность, когда им заблагорассудится
at first they were delighted with the surface world
Сначала они были в восторге от поверхностного мира
they couldn't get enough of the new and beautiful sights
Они не могли насытиться новыми и красивыми достопримечательностями
but eventually they all grew indifferent towards it
Но в конце концов все они стали к нему равнодушны
and after a month they didn't visit much at all anymore
А через месяц они вообще почти не посещали
they told their sister it was much more beautiful at home
Они сказали сестре, что дома намного красивее

Yet often, in the evening hours, they did go up
Тем не менее, часто в вечерние часы они поднимались вверх
the five sisters twined their arms about each other
Пять сестер обняли друг друга
and together, arm in arm, they rose to the surface
И вместе, рука об руку, они поднялись на поверхность
often they went up when there was a storm approaching
Часто они поднимались наверх, когда надвигалась буря

they feared that the storm might win a ship
Они боялись, что шторм может повредить корабль
so they swam to the vessel and sung to the sailors
Они подплыли к кораблю и пели матросам
Their voices were more charming than that of any human
Их голоса были более очаровательными, чем у любого человека
and they begged the voyagers not to fear if they sank
И они умоляли путешественников не бояться, если они потонут
because the depths of the sea was full of delights
потому что морские глубины были полны наслаждений
But the sailors could not understand their songs
Но моряки не могли понять их песен
and they thought their singing was the sighing of the storm
И они думали, что их пение было вздохом бури
therefore their songs were never beautiful to the sailors
Поэтому их песни никогда не были прекрасны для моряков
because if the ship sank the men would drown
потому что, если корабль затонет, люди утонут
the dead gained nothing from the palace of the Sea King
мертвые ничего не получили от дворца Морского Царя
but their youngest sister was left at the bottom of the sea
Но их младшая сестра осталась на дне моря
looking up at them, she was ready to cry
Глядя на них, она готова была заплакать
you should know mermaids have no tears that they can cry
Вы должны знать, что у русалок нет слез, которые они могут плакать
so her pain and suffering was more acute than ours
Поэтому ее боль и страдания были острее, чем у нас
"Oh, I wish I was also fifteen years old!" said she
«, как бы мне хотелось, чтобы мне тоже было пятнадцать лет!» — сказала она
"I know that I shall love the world up there"
«Я знаю, что буду любить мир там, наверху»

"and I shall love all the people who live in that world"
«и буду любить всех людей, живущих в том мире»

but, at last, she too reached her fifteenth year
Но, наконец, ей тоже исполнилось пятнадцать лет
"Well, now you are grown up," said her grandmother
— Ну, теперь ты уже взрослая, — сказала бабушка
"Come, and let me adorn you like your sisters"
«Придите, и я украшу вас, как ваших сестер»
And she placed a wreath of white lilies in her hair
И она возложила венок из белых лилий в свои волосы
every petal of the lilies was half a pearl
Каждый лепесток лилий был наполовину жемчужиной
Then, the old lady ordered eight great oysters to come
Затем старушка велела принести восемь больших устриц
the oysters attached themselves to the tail of the princess
Устрицы прикрепились к хвосту принцессы
under the sea oysters are used to show your rank
Под водой устрицы используются для того, чтобы показать свой ранг
"But they hurt me so," said the little mermaid
— Но они меня так обидели, — сказала русалочка
"Yes, I know oysters hurt," replied the old lady
— Да, я знаю, что устрицы причиняют боль, — ответила старушка
"but you know very well that pride must suffer pain"
«Но вы прекрасно знаете, что гордость должна страдать»
how gladly she would have shaken off all this grandeur
С какой радостью она стряхнула бы с себя все это величие
she would have loved to lay aside the heavy wreath!
Она бы с удовольствием отложила тяжелый венок!
she thought of the red flowers in her own garden
Она подумала о красных цветах в своем саду
the red flowers would have suited her much better
Красные цветы подошли бы ей гораздо лучше
But she could not change herself into something else
Но она не могла превратиться во что-то другое

so she said farewell to her grandmother and sisters
Так она попрощалась с бабушкой и сёстрами
and, as lightly as a bubble, she rose to the surface
И легко, как мыльный пузырь, она всплыла на поверхность

The sun had just set when she raised her head above the waves
Солнце только что село, когда она подняла голову над волнами
The clouds were tinted with crimson and gold from the sunset
Облака окрасились в багровый и золотой цвет от заката
and through the glimmering twilight beamed the evening star
И сквозь мерцающие сумерки пробивалась вечерняя звезда
The sea was calm, and the sea air was mild and fresh
Море было спокойным, а морской воздух мягким и свежим
A large ship with three masts lay becalmed on the water
Большой корабль с тремя мачтами лежал на воде в штиль
only one sail was set, for not a breeze stirred
Был поставлен только один парус, потому что ни один ветерок не шевелился
and the sailors sat idle on deck, or amidst the rigging
а матросы сидели без дела на палубе или среди такелажа
There was music and song on board of the ship
На борту корабля звучала музыка и песни
as darkness came a hundred colored lanterns were lighted
С наступлением темноты зажглись сотни разноцветных фонарей
it was as if the flags of all nations waved in the air
Как будто в воздухе развевались флаги всех наций

The little mermaid swam close to the cabin windows
Русалочка подплыла близко к окнам каюты

now and then the waves of the sea lifted her up
Время от времени волны моря поднимали ее
she could look in through the glass window-panes
Она могла заглянуть внутрь через стеклянные стекла
and she could see a number of curiously dressed people
И она увидела множество странно одетых людей
Among the people she could see there was a young prince
Среди людей, которых она видела, был молодой принц
the prince was the most beautiful of them all
Принц был прекраснее всех
she had never seen anyone with such beautiful eyes
Она никогда не видела никого с такими прекрасными глазами
it was the celebration of his sixteenth birthday
Это было празднование его шестнадцатилетия
The sailors were dancing on the deck of the ship
Матросы танцевали на палубе корабля
all cheered when the prince came out of the cabin
Все обрадовались, когда принц вышел из хижины
and more than a hundred rockets rose into the air
и в воздух поднялось более сотни ракет
for some time the fireworks made the sky as bright as day
Какое-то время фейерверк делал небо светлым, как днем.
of course our young mermaid had never seen fireworks before
Конечно, наша юная русалочка никогда раньше не видела фейерверков
startled by all the noise, she dived back under water
Вздрогнув от шума, она нырнула обратно под воду
but soon she again stretched out her head
Но вскоре она снова вытянула голову
it was as if all the stars of heaven were falling around her
Казалось, что все звезды небесные падают вокруг нее
splendid fireflies flew up into the blue air
Великолепные светлячки взлетели в голубой воздух
and everything was reflected in the clear, calm sea
и все отражалось в чистом, спокойном море

The ship itself was brightly illuminated by all the light
Сам корабль был ярко освещен всем светом
she could see all the people and even the smallest rope
Она видела всех людей и даже самую маленькую веревку
How handsome the young prince looked thanking his guests!
Каким красивым выглядел молодой принц, благодаря своих гостей!
and the music resounded through the clear night air!
И музыка звучала в чистом ночном воздухе!

the birthday celebrations lasted late into the night
Празднование дня рождения продолжалось до поздней ночи
but the little mermaid could not take her eyes from the ship
Но русалочка не могла оторвать глаз от корабля
nor could she take her eyes from the beautiful prince
И не могла она оторвать глаз от прекрасного принца
The colored lanterns had now been extinguished
Цветные фонари были потушены
and there were no more rockets that rose into the air
и больше не было ракет, которые поднимались в воздух
the cannon of the ship had also ceased firing
Пушка корабля также прекратила стрельбу
but now it was the sea that became restless
Но теперь море стало беспокойным
a moaning, grumbling sound could be heard beneath the waves
Под волнами послышался стонущий, ворчащий звук
and yet, the little mermaid remained by the cabin window
И все же русалочка осталась у окна каюты
she was rocking up and down on the water
Она раскачивалась вверх и вниз по воде
so that she could keep looking into the ship
чтобы она могла продолжать заглядывать внутрь корабля
After a while the sails were quickly set
Через некоторое время паруса были быстро поставлены

and the ship went on her way back to port
И корабль отправился обратно в порт

But soon the waves rose higher and higher
Но вскоре волны поднимались все выше и выше
dark, heavy clouds darkened the night sky
Темные, тяжелые тучи затянули ночное небо
and there appeared flashes of lightning in the distance
И вдалеке вспыхнули молнии
not far away a dreadful storm was approaching
неподалеку надвигалась страшная буря
Once more the sails were lowered against the wind
Паруса снова были спущены против ветра
and the great ship pursued her course over the raging sea
И огромный корабль продолжал свой путь по бушующему морю
The waves rose as high as the mountains
Волны поднимались так высоко, как горы
one would have thought the waves would have had the ship
Можно было бы подумать, что волны заберут корабль
but the ship dived like a swan between the waves
Но корабль нырнул, как лебедь, между волн
then she rose again on their lofty, foaming crests
Затем она снова поднялась на их высокие, пенящиеся гребни
To the little mermaid this was pleasant sport
Для русалочки это было приятным развлечением
but it was not pleasant sport to the sailors
Но это не было приятным спортом для моряков
the ship made awful groaning and creaking sounds
Корабль издавал ужасные стоны и скрип
and the waves broke over the deck again and again
И волны разбивались о палубу снова и снова
the thick planks gave way under the lashing of the sea
Толстые доски прогибались под ударами волн
under the pressure the mainmast snapped asunder, like a reed

Под давлением грот-мачта сломалась, как камыш
and, as the ship lay over on her side, the water rushed in
И когда корабль перевернулся на бок, вода хлынула внутрь

The little mermaid realized that the crew were in danger
Русалочка поняла, что экипаж в опасности
her own situation wasn't without danger either
Ее собственное положение тоже не было лишено опасности
she had to avoid the beams and planks scattered in the water
Ей приходилось избегать бревен и досок, разбросанных в воде
for a moment everything turned into complete darkness
На мгновение все погрузилось в кромешную тьму
and the little mermaid could not see where she was
И русалочка не видела, где она
but then a flash of lightning revealed the whole scene
Но затем вспышка молнии открыла всю картину
she could see everyone was still on board of the ship
Она видела, что все еще находятся на борту корабля
well, everyone was on board of the ship, except the prince
Ну а на корабле были все, кроме принца
the ship continued on its path to the land
Корабль продолжил свой путь к суше
and she saw the prince sink into the deep waves
И она увидела, как принц утонул в глубоких волнах
for a moment this made her happier than it should have
На мгновение это сделало ее счастливее, чем следовало бы
now that he was in the sea she could be with him
Теперь, когда он был в море, она могла быть с ним
Then she remembered the limits of human beings
Затем она вспомнила об ограниченности человеческих существ
the people of the land cannot live in the water

Люди земли не могут жить в воде
if he got to the palace he would already be dead
Если бы он добрался до дворца, то уже был бы мертв
"No, he must not die!" she decided
«Нет, он не должен умереть!» — решила она
she forget any concern for her own safety
Она забыла о беспокойстве о собственной безопасности
and she swam through the beams and planks
И она плыла по балкам и доскам
two beams could easily crush her to pieces
Два луча могли легко раздавить ее на куски
she dove deep under the dark waters
Она нырнула глубоко под темные воды
everything rose and fell with the waves
Все поднималось и опускалось вместе с волнами
finally, she managed to reach the young prince
Наконец ей удалось добраться до юного принца
he was fast losing the power to swim in the stormy sea
Он быстро терял способность плавать в бушующем море
His limbs were starting to fail him
Его конечности начали подводить его
and his beautiful eyes were closed
и его прекрасные глаза были закрыты
he would have died had the little mermaid not come
Он бы умер, если бы не пришла Русалочка
She held his head above the water
Она держала его голову над водой
and let the waves carry them where they wanted
И пусть волны несут их туда, куда они хотели

In the morning the storm had ceased
К утру буря утихла
but of the ship not a single fragment could be seen
Но от корабля не было видно ни одного обломка
The sun came up, red and shining, out of the water
Солнце, красное и яркое, вышло из воды
the sun's beams had a healing effect on the prince

Лучи солнца исцеляли князя
the hue of health returned to the prince's cheeks
Румянец здоровья вернулся к щекам принца
but despite the sun, his eyes remained closed
Но, несмотря на солнце, его глаза оставались закрытыми
The mermaid kissed his high, smooth forehead
Русалка поцеловала его в высокий гладкий лоб
and she stroked back his wet hair
И она откинула назад его мокрые волосы
He seemed to her like the marble statue in her garden
Он казался ей мраморной статуей в ее саду
so she kissed him again, and wished that he lived
Она снова поцеловала его и пожелала, чтобы он остался жив

Presently, they came in sight of land
Вскоре они увидели землю
and she saw lofty blue mountains on the horizon
И она увидела на горизонте высокие синие горы
on top of the mountains the white snow rested
На вершинах гор покоился белый снег
as if a flock of swans were lying upon them
как будто на них лежит стая лебедей
Beautiful green forests were near the shore
Красивые зеленые леса были у берега
and close by there stood a large building
А неподалеку стояло большое здание
it could have been a church or a convent
Это могла быть церковь или монастырь
but she was still too far away to be sure
Но она все еще была слишком далеко, чтобы быть уверенной
Orange and citron trees grew in the garden
В саду росли апельсиновые и цитрусовые деревья
and before the door stood lofty palms
А перед дверью стояли высокие пальмы
The sea here formed a little bay

Море здесь образовало небольшую бухту
in the bay the water lay quiet and still
В бухте вода лежала тихо и неподвижно
but although the water was still, it was very deep
Но хотя вода была неподвижна, она была очень глубокой
She swam with the handsome prince to the beach
Она поплыла с прекрасным принцем к берегу
the beach was covered with fine white sand
Пляж был покрыт мелким белым песком
and there she laid him in the warm sunshine
И там она положила его на теплое солнышко
she took care to raise his head higher than his body
Она позаботилась о том, чтобы поднять его голову выше его тела
Then bells sounded in the large white building
Затем в большом белом здании зазвонили колокола
some young girls came into the garden
В сад пришли молодые девушки
The little mermaid swam out farther from the shore
Русалочка уплыла подальше от берега
she hid herself among some high rocks in the water
Она спряталась среди высоких камней в воде
she Covered her head and neck with the foam of the sea
Она покрыла голову и шею пеной морской
and she watched to see what would become of the poor prince
И она смотрела, что будет с бедным принцем

It was not long before she saw a young girl approach
Прошло совсем немного времени, прежде чем она увидела приближающуюся молодую девушку
the young girl seemed frightened, at first
Сначала молодая девушка казалась испуганной
but her fear only lasted for a moment
Но страх длился лишь мгновение
then she brought over a number of people
Затем она привела несколько человек

and the mermaid saw that the prince came to life again
И увидела русалка, что принц снова ожил
he smiled upon those who stood around him
Он улыбался тем, кто стоял вокруг него
But to the little mermaid the prince sent no smile
Но русалочке принц не улыбнулся
he knew not that she had saved him
Он не знал, что она спасла его
This made the little mermaid very sorrowful
Это очень огорчило русалочку
and then he was led away into the great building
А затем его увели в большое здание
and the little mermaid dived down into the water
И русалочка нырнула в воду
and she returned to her father's castle
И она вернулась в замок своего отца

She had always been the most silent and thoughtful
Она всегда была самой молчаливой и задумчивой
and now she was more silent and thoughtful than ever
И теперь она была более молчалива и задумчива, чем когда-либо
Her sisters asked her what she had seen on her first visit
Сестры спросили ее, что она видела во время своего первого визита
but she could tell them nothing of what she had seen
Но она ничего не могла рассказать им о том, что видела
Many an evening and morning she returned to the surface
Много раз по вечерам и утрам она возвращалась на поверхность
and she went to the place where she had left the prince
И пошла она на то место, где оставила князя
She saw the fruits in the garden ripen
Она видела, как созревают плоды в саду
and she watched the fruits gathered from their trees
И смотрела она на плоды, собранные с деревьев их
she watched the snow on the mountain tops melt away

Она смотрела, как тает снег на вершинах гор
but on none of her visits did she see the prince again
Но ни во один из своих визитов она больше не видела принца
and therefore she always returned more sorrowful than before
И потому она всегда возвращалась более печальной, чем прежде

her only comfort was sitting in her own little garden
Ее единственным утешением было сидеть в собственном маленьком саду
she flung her arms around the beautiful marble statue
Она обняла прекрасную мраморную статую
the statue which looked just like the prince
Статуя, похожая на принца
She had given up tending to her flowers
Она перестала ухаживать за цветами
and her garden grew in wild confusion
И сад ее рос в диком беспорядке
they twinied their long leaves and stems round the trees
Они обвивали деревья своими длинными листьями и стеблями
so that the whole garden became dark and gloomy
так что весь сад стал темным и мрачным

eventually she could bear it no longer
В конце концов она больше не могла этого терпеть
and she told one of her sisters all about it
И она рассказала об этом одной из своих сестер
soon the other sisters heard the secret
Вскоре и другие сестры узнали эту тайну
and very soon her secret became known to several maids
И очень скоро ее тайна стала известна нескольким служанкам
one of the maids had a friend who knew about the prince
У одной из служанок была подруга, которая знала о

принце
She had also seen the festival on board the ship
Она также видела праздник на борту корабля
and she told them where the prince came from
И она рассказала им, откуда пришел царевич
and she told them where his palace stood
И она рассказала им, где находится его дворец

"Come, little sister," said the other princesses
— Пойдем, сестричка, — сказали другие принцессы
they entwined their arms and rose up together
Они сплели руки и поднялись вместе
they went near to where the prince's palace stood
Они подошли к тому месту, где стоял княжеский дворец
the palace was built of bright-yellow, shining stone
Дворец был построен из ярко-желтого, блестящего камня
and the palace had long flights of marble steps
А во дворце были длинные марши из мраморных ступеней
one of the flights of steps reached down to the sea
Один из лестничных пролетов спускался к морю
Splendid gilded cupolas rose over the roof
Над крышей возвышались великолепные золоченые купола
the whole building was surrounded by pillars
Все здание было окружено колоннами
and between the pillars stood lifelike statues of marble
а между колоннами стояли живые статуи из мрамора
they could see through the clear crystal of the windows
Они могли видеть сквозь прозрачный хрусталь окон
and they could look into the noble rooms
И они могли заглянуть в благородные покои
costly silk curtains and tapestries hung from the ceiling
С потолка свисали дорогие шелковые шторы и гобелены
and the walls were covered with beautiful paintings
А стены были покрыты прекрасными картинами
In the centre of the largest salon was a fountain

В центре самого большого салона находился фонтан
the fountain threw its sparkling jets high up
Фонтан подбрасывал свои сверкающие струи высоко вверх
the water splashed onto the glass cupola of the ceiling
Вода брызнула на стеклянный купол потолка
and the sun shone in through the water
И солнце светило сквозь воду
and the water splashed on the plants around the fountain
и вода плескалась на растения вокруг фонтана

Now the little mermaid knew where the prince lived
Теперь русалочка знала, где живет принц
so she spent many a night on those waters
И провела она много ночей в этих водах
she got more courageous than her sisters had been
Она стала смелее, чем ее сестры
and she swam much nearer the shore than they had
И она подплыла к берегу гораздо ближе, чем они
once she went up the narrow channel, under the marble balcony
Однажды она поднялась по узкому каналу, под мраморный балкон
the balcony threw a broad shadow on the water
Балкон отбрасывал широкую тень на воду
Here she sat and watched the young prince
Вот она сидела и смотрела на юного принца
he, of course, thought he was alone in the bright moonlight
Он, конечно, думал, что он один в ярком лунном свете

She often saw him evenings, sailing in a beautiful boat
Она часто видела его по вечерам, плывущим в красивой лодке
music sounded from the boat and the flags waved
С лодки звучала музыка и развевались флаги
She peeped out from among the green rushes
Она выглянула из-за зеленого камыша

at times the wind caught her long silvery-white veil
Время от времени ветер подхватывал ее длинную серебристо-белую вуаль
those who saw it believed it to be a swan
Те, кто видел его, считали, что это лебедь
it had all the appearance of a swan spreading its wings
Он был похож на лебедя, расправившего крылья

Many a night, too, she watched the fishermen set their nets
Кроме того, много ночей она наблюдала, как рыбаки расставляют сети
they cast their nets in the light of their torches
Они забрасывают свои сети при свете своих факелов
and she heard them tell many good things about the prince
И она слышала, как они рассказывали много хорошего о принце
this made her glad that she had saved his life
Это обрадовало ее тем, что она спасла ему жизнь
when he was tossed around half dead on the waves
когда его швыряло полумертвым по волнам
She remembered how his head had rested on her bosom
Она вспомнила, как его голова покоилась у нее на груди
and she remembered how heartily she had kissed him
И она вспомнила, как горячо поцеловала его
but he knew nothing of all that had happened
Но он ничего не знал обо всем, что произошло
the young prince could not even dream of the little mermaid
Юный принц не мог даже мечтать о Русалочке

She grew to like human beings more and more
Она все больше и больше любила людей
she wished more and more to be able to wander their world
Ей все больше и больше хотелось иметь возможность странствовать по их миру
their world seemed to be so much larger than her own
Их мир казался намного больше, чем ее собственный
They could fly over the sea in ships

Они могли летать над морем на кораблях
and they could mount the high hills far above the clouds
и они могли взбираться на высокие холмы высоко над облаками
in their lands they possessed woods and fields
В своих землях они владели лесами и полями
the greenery stretched beyond the reach of her sight
Зелень простиралась за пределы досягаемости ее глаз
There was so much that she wished to know!
Ей так много хотелось узнать!
but her sisters were unable to answer all her questions
Но сестры не смогли ответить на все ее вопросы
She then went to her old grandmother for answers
Затем она пошла к своей старой бабушке за ответами
her grandmother knew all about the upper world
Ее бабушка знала все о Высшем мире
she rightly called this world "the lands above the sea"
Она справедливо назвала этот мир «землями над морем»

"If human beings are not drowned, can they live forever?"
«Если люди не утонут, могут ли они жить вечно?»
"Do they never die, as we do here in the sea?"
— Разве они никогда не умирают, как мы здесь, в море?
"Yes, they die too" replied the old lady
— Да, они тоже умирают, — ответила старушка
"like us, they must also die," added her grandmother
«Как и мы, они тоже должны умереть», — добавила ее бабушка
"and their lives are even shorter than ours"
"А жизнь у них еще короче, чем у нас"
"We sometimes live for three hundred years"
«Мы иногда живем по триста лет»
"but when we cease to exist here we become foam"
«Но когда мы перестаем здесь существовать, мы становимся пеной»
"and we float on the surface of the water"
"А мы плаваем на поверхности воды"

"we do not have graves for those we love"
«У нас нет могил для тех, кого мы любим»
"and we have not immortal souls"
«И нет у нас бессмертных душ»
"after we die we shall never live again"
«После смерти мы уже никогда не будем жить»
"like the green seaweed, once it has been cut off"
«Как зеленые водоросли, если их срезали»
"after we die, we can never flourish more"
«После того, как мы умрем, мы никогда не сможем больше процветать»
"Human beings, on the contrary, have souls"
«У человека, наоборот, есть душа»
"even after they're dead their souls live forever"
«Даже после смерти их души живут вечно»
"when we die our bodies turn to foam"
«Когда мы умираем, наши тела превращаются в пену»
"when they die their bodies turn to dust"
«Когда они умирают, их тела превращаются в прах»
"when we die we rise through the clear, blue water"
«Когда мы умираем, мы поднимаемся в чистой, голубой воде»
"when they die they rise up through the clear, pure air"
«Когда они умирают, они поднимаются из прозрачного, чистого воздуха»
"when we die we float no further than the surface"
«Когда мы умираем, мы не плывем дальше поверхности»
"but when they die they go beyond the glittering stars"
«Но когда они умирают, они уходят за пределы сверкающих звезд»
"we rise out of the water to the surface"
«Мы поднимаемся из воды на поверхность»
"and we behold all the land of the earth"
«И видим мы всю землю земную»
"they rise to unknown and glorious regions"
«Они поднимаются в неизведанные и славные области»
"glorious and unknown regions which we shall never see"

«Славные и неизведанные края, которые мы никогда не увидим»
the little mermaid mourned her lack of a soul
Русалочка оплакивала отсутствие души
"Why have not we immortal souls?" asked the little mermaid
«Почему у нас нет бессмертных душ?» — спросила русалочка
"I would gladly give all the hundreds of years that I have"
«Я бы с радостью отдал все те сотни лет, которые у меня есть»
"I would trade it all to be a human being for one day"
«Я бы променял все, чтобы хоть на один день стать человеком»
"to have the hope of knowing such happiness"
«иметь надежду познать такое счастье»
"the happiness of that glorious world above the stars"
«Счастье этого славного мира над звездами»
"You must not think that," said the old woman
— Ты не должен так думать, — сказала старуха
"We believe that we are much happier than the humans"
«Мы верим, что мы намного счастливее людей»
"and we believe we are much better off than human beings"
«И мы считаем, что мы живем намного лучше, чем люди»

"So I shall die," said the little mermaid
— Значит, я умру, — сказала русалочка
"being the foam of the sea, I shall be washed about"
«Я, как пена морская, буду омыта»
"never again will I hear the music of the waves"
«Никогда больше я не услышу музыку волн»
"never again will I see the pretty flowers"
«Никогда больше я не увижу прекрасных цветов»
"nor will I ever again see the red sun"
«И я никогда больше не увижу красного солнца»
"Is there anything I can do to win an immortal soul?"
«Могу ли я сделать что-нибудь, чтобы завоевать

бессмертную душу?»
"No," said the old woman, "unless..."
— Нет, — ответила старуха, — если...
"there is just one way to gain a soul"
«Есть только один способ обрести душу»
"a man has to love you more than he loves his father and mother"
«Мужчина должен любить тебя больше, чем отца и мать»
"all his thoughts and love must be fixed upon you"
«Все его мысли и любовь должны быть устремлены на тебя»
"he has to promise to be true to you here and hereafter"
«Он должен пообещать быть верным тебе здесь и в будущем»
"the priest has to place his right hand in yours"
«Священник должен вложить свою правую руку в вашу»
"then your man's soul would glide into your body"
«Тогда душа твоего мужчины скользит в твое тело»
"you would get a share in the future happiness of mankind"
«Вы получите долю в будущем счастье человечества»
"He would give to you a soul and retain his own as well"
«Он даст вам душу и сохранит свою»
"but it is impossible for this to ever happen"
«Но этого не может быть, чтобы когда-нибудь произошло»
"Your fish's tail, among us, is considered beautiful"
«Хвост твоей рыбы у нас считается красивым»
"but on earth your fish's tail is considered ugly"
«Но на земле хвост твоей рыбы считается уродливым»
"The humans do not know any better"
«Люди не знают ничего лучшего»
"their standard of beauty is having two stout props"
«Их стандарт красоты — наличие двух толстых реквизитов»
"these two stout props they call their legs"
«Эти два толстых реквизита они называют своими ногами»

The little mermaid sighed at what appeared to be her destiny
Русалочка вздохнула, глядя на то, что, казалось, было ее судьбой
and she looked sorrowfully at her fish's tail
И она с грустью посмотрела на хвост своей рыбы
"Let us be happy with what we have," said the old lady
— Будем довольны тем, что имеем, — сказала старушка
"let us dart and spring about for the three hundred years"
«Будем скакать и прыгать триста лет»
"and three hundred years really is quite long enough"
"И триста лет - это действительно вполне достаточный срок"
"After that we can rest ourselves all the better"
«После этого мы сможем отдохнуть еще лучше»
"This evening we are going to have a court ball"
«Сегодня вечером у нас будет придворный бал»

It was one of those splendid sights we can never see on earth
Это было одно из тех великолепных зрелищ, которые мы никогда не увидим на земле
the court ball took place in a large ballroom
Придворный бал проходил в большом бальном зале
The walls and the ceiling were of thick transparent crystal
Стены и потолок были из толстого прозрачного хрусталя
Many hundreds of colossal shells stood in rows on each side
Многие сотни колоссальных снарядов стояли рядами с каждой стороны
some were deep red, others were grass green
Некоторые из них были темно-красными, другие — травянисто-зелеными
and each of the shells had a blue fire in it
И в каждом из снарядов был синий огонь
These lighted up the whole salon and the dancers
Они осветили весь салон и танцоров
and the shells shone out through the walls

и снаряды светили сквозь стены
so that the sea was also illuminated by their light
так что и море освещалось их светом
Innumerable fishes, great and small, swam past
Бесчисленные рыбы, большие и маленькие, проплывали мимо
some of their scales glowed with a purple brilliance
Некоторые из их чешуек светились пурпурным блеском
and other fishes shone like silver and gold
и другие рыбы сияли, как серебро и золото
Through the halls flowed a broad stream
По залам тек широкий поток
and in the stream danced the mermen and the mermaids
А в ручье плясали русалки и русалки
they danced to the music of their own sweet singing
Они танцевали под музыку собственного сладкого пения

No one on earth has such lovely voices as they
Ни у кого на земле нет таких прекрасных голосов, как у них
but the little mermaid sang more sweetly than all
Но русалочка пела слаще всех
The whole court applauded her with hands and tails
Весь двор аплодировал ей руками и хвостами
and for a moment her heart felt quite happy
И на мгновение ее сердце стало совершенно счастливым
because she knew she had the sweetest voice in the sea
Потому что она знала, что у нее самый сладкий голос в море
and she knew she had the sweetest voice on land
И она знала, что у нее самый сладкий голос на суше
But soon she thought again of the world above her
Но вскоре она снова подумала о мире над собой
she could not forget the charming prince
Она не могла забыть прекрасного принца
it reminded her that he had an immortal soul
Это напомнило ей, что у него бессмертная душа

and she could not forget that she had no immortal soul
И она не могла забыть, что у нее нет бессмертной души
She crept away silently out of her father's palace
Она молча ускользнула из отцовского дворца
everything within was full of gladness and song
Все внутри было наполнено радостью и песнями
but she sat in her own little garden, sorrowful and alone
Но она сидела в своем маленьком саду, печальная и одинокая
Then she heard the bugle sounding through the water
Затем она услышала звук горна, доносящийся из воды
and she thought, "He is certainly sailing above"
И она подумала: "Он, конечно, плывет вверху"
"he, the beautiful prince, in whom my wishes centre"
«Он, прекрасный принц, в котором сосредоточены мои желания»
"he, in whose hands I should like to place my happiness"
«Тот, в чьи руки я хотел бы отдать свое счастье»
"I will venture all for him, and to win an immortal soul"
«Я рискну всем ради него и завоюю бессмертную душу»
"my sisters are dancing in my father's palace"
«Мои сестры танцуют во дворце моего отца»
"but I will go to the sea witch"
"но я пойду к морской ведьме"
"the sea witch of whom I have always been so afraid"
«морская ведьма, которой я всегда так боялся»
"but the sea witch can give me counsel, and help"
"Но морская ведьма может дать мне совет и помочь"

Then the little mermaid went out from her garden
Тогда русалочка вышла из своего сада
and she took the road to the foaming whirlpools
И она пошла по дороге к пенящимся водоворотам
behind the foaming whirlpools the sorceress lived
За пенящимися водоворотами жила волшебница
the little mermaid had never gone that way before
Русалочка никогда раньше так не ходила

Neither flowers nor grass grew where she was going
Там, куда она направлялась, не росли ни цветы, ни трава
there was nothing but bare, gray, sandy ground
Там не было ничего, кроме голой, серой, песчаной земли
this barren land stretched out to the whirlpool
Эта бесплодная земля простиралась до водоворота
the water was like foaming mill wheels
Вода была похожа на пенящиеся мельничные колеса
and the mills seized everything that came within reach
И мельницы захватывали все, что попадалось под руку
they cast their prey into the fathomless deep
Они забрасывают свою добычу в бездонную бездну
Through these crushing whirlpools she had to pass
Через эти сокрушительные водовороты ей предстояло пройти
only then could she reach the dominions of the sea witch
Только тогда она смогла добраться до владений морской ведьмы
after this came a stretch of warm, bubbling mire
После этого последовала полоса теплой, бурлящей трясины
the sea witch called the bubbling mire her turf moor
Морская ведьма назвала бурлящее болото своим дерновым болотом

Beyond her turf moor was the witch's house
За ее дерновым болотом был дом ведьмы
her house stood in the centre of a strange forest
Ее дом стоял посреди странного леса
in this forest all the trees and flowers were polypi
В этом лесу все деревья и цветы были полипами
but they were only half plant; the other half was animal
но они были только наполовину растительными; Другая половина была животной
They looked like serpents with a hundred heads
Они были похожи на змей с сотней голов
and each serpent was growing out of the ground

И каждый змей рос из земли
Their branches were long, slimy arms
Их ветви представляли собой длинные, склизкие руки
and they had fingers like flexible worms
И пальцы у них были как у гибких червей
each of their limbs, from the root to the top, moved
Каждая их конечность, от корня до верхушки, двигалась
All that could be reached in the sea they seized upon
Все, до чего можно было дотянуться в море, они хватались
and what they caught they held on tightly to
И за то, что они поймали, они крепко держались
so that it never escaped from their clutches
чтобы она никогда не вырвалась из их лап

The little mermaid was alarmed at what she saw
Русалочка была встревожена увиденным
she stood still and her heart beat with fear
Она стояла неподвижно, и сердце ее билось от страха
She came very close to turning back
Она была очень близка к тому, чтобы повернуть назад
but she thought of the beautiful prince
Но она думала о прекрасном принце
and the thought of the human soul for which she longed
и мысль о человеческой душе, по которой она тосковала
with these thoughts her courage returned
С этими мыслями к ней вернулось мужество
She fastened her long, flowing hair round her head
Длинные распущенные волосы она накинула на голову
so that the polypi could not grab hold of her hair
чтобы полипы не смогли схватить ее за волосы
and she crossed her hands across her bosom
И она скрестила руки на груди
and then she darted forward like a fish through the water
А потом она рванулась вперед, как рыба по воде
between the supple arms and fingers of the ugly polypi
между гибкими руками и пальцами уродливого полипа

they were stretched out on each side of her
Они были растянуты по обе стороны от нее
She saw that they all held something in their grasp
Она видела, что все они что-то держат в своих руках
something they had seized with their numerous little arms
что-то, что они схватили своими многочисленными маленькими ручками
they were were white skeletons of human beings
Это были белые скелеты человеческих существ
sailors who had perished at sea in storms
моряки, погибшие в море во время штормов
and they had sunk down into the deep waters
и они погрузились в глубокую воду
and there were skeletons of land animals
и были скелеты наземных животных
and there were oars, rudders, and chests of ships
Там были весла, рули и корабельные сундуки
There was even a little mermaid whom they had caught
Была даже русалочка, которую они поймали
the poor mermaid must have been strangled by the hands
Бедная русалка, должно быть, была задушена руками
to her this seemed the most shocking of all
Для нее это казалось самым шокирующим

finally, she came to a space of marshy ground in the woods
Наконец она подошла к болотистой местности в лесу
here there were large fat water snakes rolling in the mire
Здесь в трясине катались большие жирные водяные змеи
the snakes showed their ugly, drab-colored bodies
Змеи показывали свои уродливые, серого цвета тела
In the midst of this spot stood a house
Посреди этого места стоял дом
the house was built of the bones of shipwrecked human beings
Дом был построен из костей людей, потерпевших кораблекрушение
and in the house sat the sea witch

А в доме сидела морская ведьма
she was allowing a toad to eat from her mouth
Она позволяла жабе есть изо рта
just like when people feed a canary with pieces of sugar
Точно так же, как когда люди кормят канарейку кусочками сахара
She called the ugly water snakes her little chickens
Она называла уродливых водяных змей своими маленькими цыплятами
and she allowed them to crawl all over her bosom
и она позволила им ползать по всей ее груди

"I know what you want," said the sea witch
— Я знаю, чего ты хочешь, — сказала морская ведьма
"It is very stupid of you to want such a thing"
«Это очень глупо с твоей стороны, что ты хочешь такого»
"but you shall have your way, however stupid it is"
«Но ты добьешься своего, как бы глупо это ни было»
"though it will bring you to sorrow, my pretty princess"
"Хотя это доведет тебя до печали, моя прекрасная принцесса"
"You want to get rid of your mermaid's tail"
«Ты хочешь избавиться от хвоста русалки»
"and you want to have two supports instead"
"А вместо этого ты хочешь иметь две опоры"
"this will make you like the human beings on earth"
«Это сделает вас похожими на людей на Земле»
"and then the young prince might fall in love with you"
«И тогда юный принц может влюбиться в тебя»
"and then you might have an immortal soul"
«И тогда у тебя может быть бессмертная душа»
the witch laughed loud and disgustingly
Ведьма громко и отвратительно рассмеялась
the toad and the snakes fell to the ground
Жаба и змеи упали на землю
and they lay there wriggling on the floor
И они лежали, извиваясь на полу

"You are but just in time," said the witch
— Ты как раз вовремя, — сказала ведьма
"after sunrise tomorrow it would have been too late"
«Завтра после восхода солнца было бы слишком поздно»
"I would not be able to help you till the end of another year"
«Я не смогу помочь вам до конца следующего года»
"I will prepare a potion for you"
«Я приготовлю для тебя зелье»
"swim up to the land tomorrow, before sunrise
— Подплывай к земле завтра, до восхода солнца
"seat yourself there and drink the potion"
«Сядь и выпей зелье»
"after you drink it your tail will disappear"
«После того, как ты выпьешь его, твой хвост исчезнет»
"and then you will have what men call legs"
«И тогда у вас будет то, что люди называют ногами»

"all will say you are the prettiest girl in the world"
«Все скажут, что ты самая красивая девушка в мире»
"but for this you will have to endure great pain"
"Но для этого придется терпеть большую боль"
"it will be as if a sword were passing through you"
«Это будет похоже на то, как если бы меч прошел сквозь тебя»
"You will still have the same gracefulness of movement"
«У вас все равно будет та же грациозность движений»
"it will be as if you are floating over the ground"
«Это будет похоже на то, как если бы вы парили над землей»
"and no dancer will ever tread as lightly as you"
«И ни один танцор никогда не будет ступать так легко, как ты»
"but every step you take will cause you great pain"
«Но каждый шаг, который ты делаешь, причиняет тебе сильную боль»
"it will be as if you were treading upon sharp knives"
«Это будет похоже на то, как если бы вы наступали на

острые ножи»
"If you bear all this suffering, I will help you"
«Если ты вынесешь все эти страдания, я помогу тебе»
the little mermaid thought of the prince
Русалочка подумала о принце
and she thought of the happiness of an immortal soul
И она думала о счастье бессмертной души
"Yes, I will," said the little princess
— Да, сделаю, — ответила маленькая принцесса
but, as you can imagine, her voice trembled with fear
Но, как вы можете себе представить, ее голос дрожал от страха

"do not rush into this," said the witch
— Не торопись, — сказала ведьма
"once you are shaped like a human, you can never return"
«Как только ты становишься человеком, ты никогда не сможешь вернуться»
"and you will never again take the form of a mermaid"
«И ты больше никогда не примешь облик русалки»
"You will never return through the water to your sisters"
«Ты никогда не вернешься через воду к своим сестрам»
"nor will you ever go to your father's palace again"
«И ты никогда больше не пойдешь во дворец отца твоего»
"you will have to win the love of the prince"
«Вам придется завоевать любовь принца»
"he must be willing to forget his father and mother for you"
«Он, должно быть, готов забыть своих отца и мать ради тебя»
"and he must love you with all of his soul"
«И он должен любить тебя всей душой»
"the priest must join your hands together"
«Священник должен соединить ваши руки вместе»
"and he must make you man and wife in holy matrimony"
«И пусть Он сделает вас мужем и женой в святом браке»
"only then will you have an immortal soul"
«Только тогда у тебя будет бессмертная душа»

"but you must never allow him to marry another"
«Но вы никогда не должны позволять ему жениться на другой»
"the morning after he marries another, your heart will break"
«На следующее утро после того, как он женится на другой, ваше сердце разобьется»
"and you will become foam on the crest of the waves"
«И ты станешь пеной на гребне волн»
the little mermaid became as pale as death
Русалочка побледнела, как смерть
"I will do it," said the little mermaid
— Я сделаю это, — сказала русалочка

"But I must be paid, also," said the witch
— Но мне тоже надо платить, — сказала ведьма
"and it is not a trifle that I ask for"
"и это не мелочь, которую я прошу"
"You have the sweetest voice of any who dwell here"
«У тебя самый сладкий голос из всех, кто здесь живет»
"you believe that you can charm the prince with your voice"
«Ты веришь, что можешь очаровать принца своим голосом»
"But your beautiful voice you must give to me"
«Но твой прекрасный голос ты должен дать мне»
"The best thing you possess is the price of my potion"
«Лучшее, что у тебя есть, — это цена моего зелья»
"the potion must be mixed with my own blood"
«Зелье должно быть смешано с моей собственной кровью»
"only this makes it as sharp as a two-edged sword"
«Только это делает его острым, как палка о двух концах»

the little mermaid tried to object to the cost
Русалочка попыталась возразить против стоимости
"But if you take away my voice..." said the little mermaid
«Но если вы отнимете у меня голос...» — сказала

Русалочка
"if you take away my voice, what is left for me?"
«Если вы отнимете у меня голос, что мне останется?»
"Your beautiful form," suggested the sea witch
— Твоя прекрасная фигура, — предположила морская ведьма
"your graceful walk, and your expressive eyes"
«Твоя грациозная походка и выразительные глаза»
"Surely, with these you can enchain a man's heart?"
— Неужели ими можно сковать сердце человека?
"Well, have you lost your courage?" the sea witch asked
«Ну что, ты потерял мужество?» — спросила морская ведьма
"Put out your little tongue, so that I can cut it off"
«Высунь свой маленький язычок, чтобы я мог отрезать его»
"then you shall have the powerful potion"
«Тогда ты получишь мощное зелье»
"It shall be," said the little mermaid
— Так и будет, — сказала русалочка
Then the witch placed her caldron on the fire
Тогда ведьма поставила свой котел на огонь
"Cleanliness is a good thing," said the sea witch
— Чистота — это хорошо, — сказала морская ведьма
she scoured the vessels for the right snake
Она обыскала сосуды в поисках нужной змеи
all the snakes had been tied together in a large knot
Все змеи были связаны в большой узел
Then she pricked herself in the breast
Затем она уколола себя в грудь
and she let the black blood drop into the caldron
И она позволила черной крови капнуть в котел
The steam that rose twisted itself into horrible shapes
Поднимающийся пар извивался в ужасные формы
no person could look at the shapes without fear
Ни один человек не мог смотреть на фигуры без страха
Every moment the witch threw new ingredients into the

vessel
Каждую минуту ведьма подбрасывала в сосуд новые ингредиенты
finally, with everything inside, the caldron began to boil
Наконец, когда все было внутри, котел начал закипать
there was the sound like the weeping of a crocodile
Раздался звук, похожий на плач крокодила
and at last the magic potion was ready
И вот, наконец, волшебное зелье было готово
despite its ingredients, it looked like the clearest water
Несмотря на ингредиенты, она выглядела как чистейшая вода
"There it is, all for you," said the witch
— Вот оно, все для тебя, — сказала ведьма
and then she cut off the little mermaid's tongue
А потом отрезала русалочке язык
so that the little mermaid could never again speak, nor sing
так что русалочка больше никогда не могла ни говорить, ни петь
"the polypi might try and grab you on the way out"
«Полипы могут попытаться схватить тебя на выходе»
"if they try, throw over them a few drops of the potion"
«Если они попытаются, выплесните на них несколько капель зелья»
"and their fingers will be torn into a thousand pieces"
"И пальцы их разорвут на тысячу кусков"
But the little mermaid had no need to do this
Но русалочке не нужно было этого делать
the polypi sprang back in terror when they saw her
Полипы в ужасе отскочили назад, увидев ее
they saw she had lost her tongue to the sea witch
Они увидели, что она потеряла язык из-за морской ведьмы
and they saw she was carrying the potion
И они увидели, что она несет зелье
the potion shone in her hand like a twinkling star
Зелье сияло в ее руке, как мерцающая звезда

So she passed quickly through the wood and the marsh
И она быстро прошла через лес и болото
and she passed between the rushing whirlpools
И она прошла между бурлящими водоворотами,
soon she made it back to the palace of her father
Вскоре она вернулась во дворец своего отца
all the torches in the ballroom were extinguished
Все факелы в бальном зале были потушены
all within the palace must now be asleep
Теперь все во дворце, должно быть, спят
But she did not go inside to see them
Но она не вошла внутрь, чтобы увидеть их
she knew she was going to leave them forever
Она знала, что покинет их навсегда
and she knew her heart would break if she saw them
И она знала, что ее сердце разорвется, если она их увидит
she went into the garden one last time
Она вышла в сад в последний раз
and she took a flower from each one of her sisters
И она взяла по цветку у каждой из своих сестер
and then she rose up through the dark-blue waters
А потом она поднялась по темно-синим водам

the little mermaid arrived at the prince's palace
Русалочка прибыла во дворец принца
the the sun had not yet risen from the sea
Солнце еще не взошло из-за моря
and the moon shone clear and bright in the night
и луна светила в ночи ясно и ярко
the little mermaid sat at the beautiful marble steps
Русалочка сидела у прекрасных мраморных ступеней
and then the little mermaid drank the magic potion
И тогда русалочка выпила волшебное зелье
she felt the cut of a two-edged sword cut through her
Она почувствовала, как обоюдоострый меч пронзил ее насквозь

and she fell into a swoon, and lay like one dead
И она упала в обморок и лежала, как мертвая
the sun rose from the sea and shone over the land
Солнце поднялось из моря и осветило землю
she recovered and felt the pain from the cut
Она пришла в себя и почувствовала боль от пореза
but before her stood the handsome young prince
Но перед ней стоял прекрасный молодой принц

He fixed his coal-black eyes upon the little mermaid
Он устремил свои угольно-черные глаза на русалочку
he looked so earnestly that she cast down her eyes
Он посмотрел на нее так серьезно, что она опустила глаза
and then she became aware that her fish's tail was gone
И тут она поняла, что хвост ее рыбы исчез
she saw that she had the prettiest pair of white legs
Она увидела, что у нее самая красивая пара белых ног
and she had tiny feet, as any little maiden would have
И у нее были крошечные ножки, как у любой маленькой девочки
But, having come from the sea, she had no clothes
Но, придя с моря, у нее не было одежды
so she wrapped herself in her long, thick hair
Поэтому она закуталась в свои длинные густые волосы
The prince asked her who she was and whence she came
Принц спросил ее, кто она и откуда пришла
She looked at him mildly and sorrowfully
Она посмотрела на него кротко и печально
but she had to answer with her deep blue eyes
Но она должна была ответить своими глубокими голубыми глазами
because the little mermaid could not speak anymore
потому что русалочка больше не могла говорить
He took her by the hand and led her to the palace
Он взял ее за руку и повел во дворец

Every step she took was as the witch had said it would be
Каждый ее шаг был таким, каким его предсказывала ведьма
she felt as if she were treading upon sharp knives
Ей казалось, что она наступает на острые ножи
She bore the pain of the spell willingly, however
Однако она охотно перенесла боль заклинания
and she moved at the prince's side as lightly as a bubble
И она двигалась рядом с принцем так же легко, как мыльный пузырь
all who saw her wondered at her graceful, swaying movements
Все, кто видел ее, удивлялись ее грациозным, покачивающимся движениям
She was very soon arrayed in costly robes of silk and muslin
Очень скоро она была облачена в дорогие одежды из шелка и муслина
and she was the most beautiful creature in the palace
И она была самым красивым существом во дворце
but she appeared dumb, and could neither speak nor sing
Но она казалась немой, не умела ни говорить, ни петь

there were beautiful female slaves, dressed in silk and gold
Там были красивые рабыни, одетые в шелк и золото
they stepped forward and sang in front of the royal family
Они вышли вперед и спели перед королевской семьей
each slave could sing better than the next one
Каждый раб мог петь лучше, чем другой
and the prince clapped his hands and smiled at her
Принц захлопал в ладоши и улыбнулся ей
This was a great sorrow to the little mermaid
Это было большим горем для русалочки
she knew how much more sweetly she was able to sing
Она знала, насколько сладостнее она может петь
"if only he knew I have given away my voice to be with him!"
«Если бы он только знал, что я отдала свой голос, чтобы

there was music being played by an orchestra
Играла музыка в исполнении оркестра
and the slaves performed some pretty, fairy-like dances
И рабы исполнили какие-то красивые, сказочные танцы
Then the little mermaid raised her lovely white arms
Тогда русалочка подняла свои прелестные белые ручки
she stood on the tips of her toes like a ballerina
Она стояла на кончиках пальцев ног, как балерина
and she glided over the floor like a bird over water
И она скользила по полу, как птица по воде
and she danced as no one yet had been able to dance
И она танцевала так, как никто еще не умел танцевать
At each moment her beauty was more revealed
С каждым мгновением ее красота становилась все более явной
most appealing of all, to the heart, were her expressive eyes
Наиболее привлекательными для сердца были ее выразительные глаза
Everyone was enchanted by her, especially the prince
Все были очарованы ею, особенно принц
the prince called her his deaf little foundling
Принц называл ее своим глухим подкидышем
and she happily continued to dance, to please the prince
И она с радостью продолжала танцевать, чтобы доставить удовольствие принцу
but we must remember the pain she endured for his pleasure
Но мы должны помнить о боли, которую она перенесла ради его удовольствия
every step on the floor felt as if she trod on sharp knives
Каждый шаг по полу казался ей наступлением на острые ножи

The prince said she should remain with him always
Принц сказал, что она должна всегда оставаться с ним

and she was given permission to sleep at his door
И ей было позволено спать у его дверей
they brought a velvet cushion for her to lie on
Они принесли бархатную подушку, на которой она могла лежать
and the prince had a page's dress made for her
И принц велел сшить для нее платье пажа
this way she could accompany him on horseback
Таким образом, она могла сопровождать его верхом на лошади
They rode together through the sweet-scented woods
Они ехали вместе по благоухающему лесу
in the woods the green branches touched their shoulders
В лесу зеленые ветви касались их плеч
and the little birds sang among the fresh leaves
И птички пели среди свежих листьев
She climbed with him to the tops of high mountains
Она поднималась с ним на вершины высоких гор
and although her tender feet bled, she only smiled
И хотя ее нежные ноги кровоточили, она только улыбалась
she followed him till the clouds were beneath them
Она следовала за ним, пока облака не скрылись за ними
like a flock of birds flying to distant lands
как стая птиц, улетающих в дальние края

when all were asleep she sat on the broad marble steps
Когда все уснули, она села на широкие мраморные ступени
it eased her burning feet to bathe them in the cold water
Ее горящие ноги облегчились, когда она искупала их в холодной воде
It was then that she thought of all those in the sea
Именно тогда она подумала обо всех тех, кто был в море
Once, during the night, her sisters came up, arm in arm
Однажды, ночью, к ней подошли сестры, взявшись за руки
they sang sorrowfully as they floated on the water

Они печально пели, плавая по воде
She beckoned to them, and they recognized her
Она поманила их, и они узнали ее
they told her how they had grieved their youngest sister
Они рассказали ей, как огорчили свою младшую сестру
after that, they came to the same place every night
После этого они приходили в одно и то же место каждую ночь
Once she saw in the distance her old grandmother
Однажды она увидела вдалеке свою старенькую бабушку
she had not been to the surface of the sea for many years
Она уже много лет не была на поверхности моря
and the old Sea King, her father, with his crown on his head
и старый Морской Царь, ее отец, с короной на голове
he too came to where she could see him
Он тоже подошел к тому месту, где она могла его видеть
They stretched out their hands towards her
Они протянули к ней руки
but they did not venture as near the land as her sisters
Но они не отваживались приближаться к земле так близко, как ее сестры

As the days passed she loved the prince more dearly
С каждым днем она все сильнее любила принца
and he loved her as one would love a little child
И он любил ее, как маленького ребенка
The thought never came to him to make her his wife
Ему никогда не приходила в голову мысль сделать ее своей женой
but, unless he married her, her wish would never come true
Но если он не женится на ней, ее желание никогда не сбудется.
unless he married her she could not receive an immortal soul
Если бы он не женился на ней, она не могла бы получить бессмертную душу
and if he married another her dreams would shatter

И если бы он женился на другой, ее мечты разбились бы вдребезги

on the morning after his marriage she would dissolve

На следующее утро после его свадьбы она должна была расстаться

and the little mermaid would become the foam of the sea

И русалочка станет пеной морской

the prince took the little mermaid in his arms

Принц взял русалочку на руки

and he kissed her on her forehead

И он поцеловал ее в лоб

with her eyes she tried to ask him

Она попыталась спросить его глазами

"Do you not love me the most of them all?"

— Разве ты не любишь меня больше всех?

"Yes, you are dear to me," said the prince

— Да, вы мне дороги, — сказал принц

"because you have the best heart"

«Потому что у тебя самое лучшее сердце»

"and you are the most devoted to me"

«И ты самый преданный мне»

"You are like a young maiden whom I once saw"

«Ты похожа на молодую девушку, которую я когда-то видел»

"but I shall never meet this young maiden again"

«Но я никогда больше не встречусь с этой девушкой»

"I was in a ship that was wrecked"

«Я был на корабле, который потерпел крушение»

"and the waves cast me ashore near a holy temple"

«И волны выбросили меня на берег близ святого храма»

"at the temple several young maidens performed the service"

«В храме служили несколько девиц»

"The youngest maiden found me on the shore"

«Самая молодая девушка нашла меня на берегу»

"and the youngest of the maidens saved my life"

«И младшая из девушек спасла мне жизнь»
"I saw her but twice," he explained
«Я видел ее только дважды», — объяснил он
"and she is the only one in the world whom I could love"
«и она единственная в мире, кого я могу любить»
"But you are like her," he reassured the little mermaid
— Но ты похожа на нее, — успокоил он русалочку
"and you have almost driven her image from my mind"
«И ты почти вытеснил ее образ из моей головы»
"She belongs to the holy temple"
«Она принадлежит святому храму»
"good fortune has sent you instead of her to me"
«Судьба послала тебя вместо нее ко мне»
"We will never part," he comforted the little mermaid
— Мы никогда не расстанемся, — утешал он русалочку

but the little mermaid could not help but sigh
Но русалочка не могла не вздохнуть
"he knows not that it was I who saved his life"
«он не знает, что это я спас ему жизнь»
"I carried him over the sea to where the temple stands"
«Я перенес его через море туда, где стоит храм»
"I sat beneath the foam till the human came to help him"
«Я сидел под пеной, пока человек не пришел ему на помощь»
"I saw the pretty maiden that he loves"
«Я видел прелестную девушку, которую он любит»
"the pretty maiden that he loves more than me"
«Хорошенькая девушка, которую он любит больше, чем меня»
The mermaid sighed deeply, but she could not weep
Русалка глубоко вздохнула, но не могла заплакать
"He says the maiden belongs to the holy temple"
«Он говорит, что девица принадлежит святому храму»
"therefore she will never return to the world"
«Поэтому она никогда не вернется в мир»
"they will meet no more," the little mermaid hoped

— Они больше не встретятся, — надеялась русалочка
"I am by his side and see him every day"
«Я рядом с ним и вижу его каждый день»
"I will take care of him, and love him"
«Я буду заботиться о нем и любить его»
"and I will give up my life for his sake"
«и отдам душу мою за него»

Very soon it was said that the prince was to marry
Очень скоро пошли слухи, что принц должен жениться
there was the beautiful daughter of a neighbouring king
Жила-была красавица-дочь соседнего царя
it was said that she would be his wife
Говорили, что она станет его женой
for the occasion a fine ship was being fitted out
По этому случаю был снаряжен прекрасный корабль
the prince said he intended only to visit the king
Принц сказал, что намерен только навестить короля
they thought he was only going so as to meet the princess
Они думали, что он едет только для того, чтобы встретиться с принцессой
The little mermaid smiled and shook her head
Русалочка улыбнулась и покачала головой
She knew the prince's thoughts better than the others
Она знала мысли принца лучше, чем другие

"I must travel," he had said to her
— Мне нужно ехать, — сказал он ей
"I must see this beautiful princess"
«Я должен увидеть эту прекрасную принцессу»
"My parents want me to go and see her
«Мои родители хотят, чтобы я поехал к ней
"but they will not oblige me to bring her home as my bride"
«Но они не заставят меня привести ее домой в качестве моей невесты»
"you know that I cannot love her"
«ты знаешь, что я не могу любить ее»

"because she is not like the beautiful maiden in the temple"
«Потому что она не похожа на прекрасную деву в храме»
"the beautiful maiden whom you resemble"
«Прекрасная дева, на которую ты похож»
"If I were forced to choose a bride, I would choose you"
«Если бы меня заставляли выбирать невесту, я бы выбрал тебя»
"my deaf foundling, with those expressive eyes"
«Мой глухой подкидыш, с этими выразительными глазами»
Then he kissed her rosy mouth
Затем он поцеловал ее румяные губы
and he played with her long, waving hair
И он играл с ее длинными, развевающимися волосами
and he laid his head on her heart
И он положил голову ей на сердце
she dreamed of human happiness and an immortal soul
Она мечтала о человеческом счастье и бессмертной душе

they stood on the deck of the noble ship
Они стояли на палубе благородного корабля
"You are not afraid of the sea, are you?" he said
«Ты ведь не боишься моря?» — спросил он
the ship was to carry them to the neighbouring country
Корабль должен был доставить их в соседнюю страну
Then he told her of storms and of calms
Затем он рассказал ей о бурях и штилях
he told her of strange fishes deep beneath the water
Он рассказал ей о странных рыбах глубоко под водой
and he told her of what the divers had seen there
И он рассказал ей о том, что видели там водолазы
She smiled at his descriptions, slightly amused
Она улыбнулась, услышав его описания, слегка позабавившись
she knew better what wonders were at the bottom of the sea
Она лучше знала, какие чудеса таятся на дне морском

the little mermaid sat on the deck at moonlight
Русалочка сидела на палубе при лунном свете
all on board were asleep, except the man at the helm
Все на борту спали, кроме человека за штурвалом
and she gazed down through the clear water
И она посмотрела вниз сквозь прозрачную воду
She thought she could distinguish her father's castle
Ей показалось, что она сможет различить замок своего отца
and in the castle she could see her aged grandmother
А в замке она видела свою престарелую бабушку
Then her sisters came out of the waves
Потом из волн вышли ее сестры
and they gazed at their sister mournfully
И они печально посмотрели на сестру свою
She beckoned to her sisters, and smiled
Она поманила сестер и улыбнулась
she wanted to tell them how happy and well off she was
Она хотела сказать им, как она счастлива и богата
But the cabin boy approached and her sisters dived down
Но юнга подошел ближе, и сестры нырнули вниз
he thought what he saw was the foam of the sea
Ему показалось, что то, что он увидел, было пеной морской

The next morning the ship got into the harbour
На следующее утро корабль вошел в гавань
they had arrived in a beautiful coastal town
Они прибыли в красивый прибрежный городок
on their arrival they were greeted by church bells
По прибытии их встретили церковные колокола
and from the high towers sounded a flourish of trumpets
И с высоких башен раздался звук труб
soldiers lined the roads through which they passed
Солдаты выстроились вдоль дорог, по которым они проходили
Soldiers, with flying colors and glittering bayonets

Солдаты с блестящими штыками
Every day that they were there there was a festival
Каждый день, когда они там были, там был праздник
balls and entertainments were organised for the event
К мероприятию были организованы балы и развлечения
But the princess had not yet made her appearance
Но принцесса еще не явилась
she had been brought up and educated in a religious house
Она воспитывалась и обучалась в религиозном доме
she was learning every royal virtue of a princess
Она постигала все королевские добродетели принцессы

At last, the princess made her royal appearance
Наконец принцесса появилась по-королевски
The little mermaid was anxious to see her
Русалочке не терпелось увидеть ее
she had to know whether she really was beautiful
Она должна была знать, действительно ли она красива
she was obliged to admit she really was beautiful
Она была вынуждена признать, что действительно красива
she had never seen a more perfect vision of beauty
Она никогда не видела более совершенного видения красоты
Her skin was delicately fair
Ее кожа была нежно светлой
and her laughing blue eyes shone with truth and purity
И ее смеющиеся голубые глаза сияли правдой и чистотой
"It was you," said the prince
— Это был ты, — сказал принц
"you saved my life when I lay as if dead on the beach"
«Ты спас мне жизнь, когда я лежал, как мертвый, на пляже»
"and he held his blushing bride in his arms"
«И он держал на руках свою краснеющую невесту»

"Oh, I am too happy!" said he to the little mermaid
«О, я слишком счастлив!» — сказал он русалочке
"my fondest hopes are now fulfilled"
«Мои самые заветные надежды сбылись»
"You will rejoice at my happiness"
«Ты возрадуешься моему счастью»
"because your devotion to me is great and sincere"
«Потому что твоя преданность мне велика и искренна»
The little mermaid kissed the prince's hand
Русалочка поцеловала руку принца
and she felt as if her heart were already broken
И ей казалось, что ее сердце уже разбито
His wedding morning would bring death to her
Его свадебное утро принесет ей смерть
she knew she was to become the foam of the sea
Она знала, что ей суждено стать морской пеной

the sound of the church bells rang through the town
Звон церковных колоколов разносился по городу
the heralds rode through the town proclaiming the betrothal
Глашатаи проехали по городу, провозглашая обручение
Perfumed oil was burned in silver lamps on every altar
Благовонное масло сжигалось в серебряных лампадах на каждом алтаре
The priests waved the censers over the couple
Священники размахивали кадилами над молодоженами
and the bride and the bridegroom joined their hands
И жених и невеста взялись за руки
and they received the blessing of the bishop
и получили благословение епископа
The little mermaid was dressed in silk and gold
Русалочка была одета в шелк и золото
she held up the bride's dress, in great pain
Она подняла платье невесты, испытывая сильную боль
but her ears heard nothing of the festive music
Но ее уши ничего не слышали праздничной музыки

and her eyes saw not the holy ceremony
и глаза ее не видели священной церемонии
She thought of the night of death coming to her
Она думала о ночи смерти, которая придет к ней
and she mourned for all she had lost in the world
и она оплакивала все, что потеряла в этом мире.

that evening the bride and bridegroom boarded the ship
В тот же вечер жених и невеста поднялись на борт корабля
the ship's cannons were roaring to celebrate the event
Корабельные пушки гремели, празднуя это событие
and all the flags of the kingdom were waving
И развевались все флаги королевства
in the centre of the ship a tent had been erected
В центре корабля была установлена палатка
in the tent were the sleeping couches for the newlyweds
В шатре стояли спальные кушетки для молодоженов
the winds were favourable for navigating the calm sea
Ветры благоприятствовали плаванию по спокойному морю
and the ship glided as smoothly as the birds of the sky
И корабль скользил так же плавно, как птицы небесные

When it grew dark, a number of colored lamps were lighted
Когда стемнело, зажгли несколько разноцветных ламп
the sailors and royal family danced merrily on the deck
Матросы и королевская семья весело танцевали на палубе
The little mermaid could not help thinking of her birthday
Русалочка не могла не думать о своем дне рождения
the day that she rose out of the sea for the first time
День, когда она впервые поднялась из моря
similar joyful festivities were celebrated on that day
Такие же радостные гуляния отмечались и в этот день
she thought about the wonder and hope she felt that day
Она думала о чуде и надежде, которые она испытала в тот

день
with those pleasant memories, she too joined in the dance
С этими приятными воспоминаниями она тоже присоединилась к танцу
on her paining feet, she poised herself in the air
Стоя на ноющих ногах, она парила в воздухе
the way a swallow poises itself when in pursued of prey
То, как ласточка держится в погоне за добычей
the sailors and the servants cheered her wonderingly
Матросы и слуги с удивлением приветствовали ее
She had never danced so gracefully before
Никогда раньше она не танцевала так грациозно
Her tender feet felt as if cut with sharp knives
Ее нежные ноги казались порезанными острыми ножами
but she cared little for the pain of her feet
Но она мало заботилась о боли в ногах
there was a much sharper pain piercing her heart
Сердце пронзила гораздо более острая боль

She knew this was the last evening she would ever see him
Она знала, что это последний вечер, когда она его увидит
the prince for whom she had forsaken her kindred and home
принца, ради которого она оставила своих родных и дом
She had given up her beautiful voice for him
Она отказалась от своего прекрасного голоса ради него
and every day she had suffered unheard-of pain for him
И каждый день она испытывала неслыханную боль за него
she suffered all this, while he knew nothing of her pain
Она терпела все это, а он ничего не знал о ее боли
it was the last evening she would breath the same air as him
Это был последний вечер, когда она дышала одним воздухом с ним
it was the last evening she would gaze on the same starry sky
Это был последний вечер, когда она смотрела на то же самое звездное небо

it was the last evening she would gaze into the deep sea
Это был последний вечер, когда она смотрела в морские глубины
it was the last evening she would gaze into the eternal night
Это был последний вечер, когда она смотрела в вечную ночь
an eternal night without thoughts or dreams awaited her
Ее ждала вечная ночь без мыслей и снов
She was born without a soul, and now she could never win one
Она родилась без души, и теперь она никогда не сможет ее завоевать

All was joy and gaiety on the ship until long after midnight
На корабле царили радость и веселье далеко за полночь
She smiled and danced with the others on the royal ship
Она улыбалась и танцевала вместе с остальными на королевском корабле
but she danced while the thought of death was in her heart
Но она танцевала, пока мысль о смерти была в ее сердце
she had to watch the prince dance with the princess
Она должна была смотреть, как принц танцует с принцессой
she had to watch when the prince kissed his beautiful bride
Она должна была наблюдать, как принц целует свою прекрасную невесту
she had to watch her play with the prince's raven hair
Она должна была смотреть, как она играет с вороньими волосами принца
and she had to watch them enter the tent, arm in arm
И ей пришлось смотреть, как они, взявшись за руки, входят в палатку

after they had gone all became still on board the ship
После того, как они ушли, все замерли на борту корабля
only the pilot, who stood at the helm, was still awake
Только пилот, стоявший за штурвалом, еще не спал

The little mermaid leaned on the edge of the vessel
Русалочка облокотилась на край сосуда
she looked towards the east for the first blush of morning
Она посмотрела на восток, чтобы увидеть первый утренний румянец
the first ray of the dawn, which was to be her death
Первый луч рассвета, которому суждено было стать ее смертью
from far away she saw her sisters rising out of the sea
Издалека она увидела своих сестер, поднимающихся из моря
They were as pale with fear as she was
Они были так же бледны от страха, как и она
but their beautiful hair no longer waved in the wind
Но их прекрасные волосы больше не развевались на ветру
"We have given our hair to the witch," said they
«Мы отдали свои волосы ведьме», — сказали они
"so that you do not have to die tonight"
«Чтобы тебе не пришлось умирать этой ночью»
"for our hair we have obtained this knife"
«Для наших волос мы приобрели этот нож»
"Before the sun rises you must use this knife"
«До восхода солнца вы должны использовать этот нож»
"you must plunge the knife into the heart of the prince"
«Вы должны вонзить нож в сердце принца»
"the warm blood of the prince must fall upon your feet"
«Теплая кровь князя должна упасть на твои ноги»
"and then your feet will grow together again"
«И тогда ваши ноги снова срастут»
"where you have legs you will have a fish's tail again"
«Там, где у тебя есть ноги, у тебя снова будет рыбий хвост»
"and where you were human you will once more be a mermaid"
«И там, где ты был человеком, ты снова будешь русалкой»
"then you can return to live with us, under the sea"
«Тогда ты сможешь вернуться жить к нам, под водой»

"and you will be given your three hundred years of a mermaid"
"И тебе будут даны твои триста лет русалки"
"and only then will you be changed into the salty sea foam"
«И только тогда ты превратишься в соленую морскую пену»
"Haste, then; either he or you must die before sunrise"
— Тогда поторопись; Либо он, либо ты должен умереть до восхода солнца».
"our old grandmother mourns for you day and night"
«Наша старая бабушка оплакивает тебя день и ночь»
"her white hair is falling out"
«У нее выпадают седые волосы»
"just as our hair fell under the witch's scissors"
«Точно так же, как наши волосы попали под ведьмины ножницы»
"Kill the prince, and come back," they begged her
«Убей принца и возвращайся», — умоляли они ее
"Do you not see the first red streaks in the sky?"
— Разве ты не видишь первые красные полосы на небе?
"In a few minutes the sun will rise, and you will die"
«Через несколько минут взойдет солнце, и ты умрешь»
having done their best, her sisters sighed deeply
Сделав все, что могли, сестры глубоко вздохнули
mournfully her sisters sank back beneath the waves
Ее сестры с грустью погрузились в волны
and the little mermaid was left with the knife in her hands
А русалочка осталась с ножом в руках

she drew back the crimson curtain of the tent
Она отдернула багровую занавеску шатра
and in the tent she saw the beautiful bride
И в шатре она увидела прекрасную невесту
her face was resting on the prince's breast
Ее лицо покоилось на груди принца
and then the little mermaid looked at the sky
И тут русалочка посмотрела на небо

on the horizon the rosy dawn grew brighter and brighter
На горизонте розовый рассвет становился все ярче и ярче
She glanced at the sharp knife in her hands
Она взглянула на острый нож в своих руках
and again she fixed her eyes on the prince
И она снова устремила взгляд на принца
She bent down and kissed his noble brow
Она наклонилась и поцеловала его благородное чело
he whispered the name of his bride in his dreams
Он шептал во сне имя своей невесты
he was dreaming of the princess he had married
Он мечтал о принцессе, на которой женился
the knife trembled in the hand of the little mermaid
Нож дрожал в руке Русалочки
but she flung the knife far into the waves
Но она швырнула нож далеко в волны

where the knife fell the water turned red
Там, где упал нож, вода покраснела
the drops that spurted up looked like blood
Капли, которые брызнули вверх, были похожи на кровь
She cast one last look upon the prince she loved
Она бросила последний взгляд на принца, которого любила
the sun pierced the sky with its golden arrows
Солнце пронзило небо своими золотыми стрелами
and she threw herself from the ship into the sea
И она бросилась с корабля в море
the little mermaid felt her body dissolving into foam
Русалочка почувствовала, как ее тело растворяется в пене
and all that rose to the surface were bubbles of air
И все, что поднималось на поверхность, было пузырьками воздуха
the sun's warm rays fell upon the cold foam
Теплые лучи солнца падали на холодную пену
but she did not feel as if she were dying
Но она не чувствовала, что умирает

in a strange way she felt the warmth of the bright sun
Каким-то странным образом она почувствовала тепло яркого солнца
she saw hundreds of beautiful transparent creatures
Она увидела сотни прекрасных прозрачных существ
the creatures were floating all around her
Существа плавали вокруг нее
through them she could see the white sails of the ships
Сквозь них она видела белые паруса кораблей
and through them she saw the red clouds in the sky
и сквозь них она увидела красные облака на небе
Their speech was melodious and childlike
Их речь была мелодичной и детской
but it could not be heard by mortal ears
Но его не было слышно смертным ушам
nor could their bodies be seen by mortal eyes
и их тела не могли быть видны смертным глазам
The little mermaid perceived that she was like them
Русалочка поняла, что она похожа на них
and she felt that she was rising higher and higher
И она чувствовала, что поднимается все выше и выше
"Where am I?" asked she, and her voice sounded ethereal
«Где я?» — спросила она, и голос ее прозвучал неземно
there is no earthly music that could imitate her
Нет такой земной музыки, которая могла бы ей подражать
"Among the daughters of the air," answered one of them
«Среди дочерей воздуха», — ответила одна из них
"A mermaid has not an immortal soul"
«У русалки нет бессмертной души»
"nor can mermaids obtain immortal souls"
«И русалки не могут обрести бессмертную душу»
"unless she wins the love of a human being"
«Если только она не завоюет любовь человека»
"on the will of another hangs her eternal destiny"
«От воли другого зависит ее вечная судьба»
"like you, we do not have immortal souls either"
«У нас, как и у вас, нет бессмертных душ»

"but we can obtain an immortal soul by our deeds"
«Но мы можем обрести бессмертную душу своими делами»
"We fly to warm countries and cool the sultry air"
«Летим в теплые страны и охлаждаем знойный воздух»
"the heat that destroys mankind with pestilence"
«Жара, которая уничтожает человечество мором»
"We carry the perfume of the flowers"
«Мы несем аромат цветов»
"and we spread health and restoration"
«И мы распространяем здоровье и восстановление»

"for three hundred years we travel the world like this"
«Вот уже триста лет мы так путешествуем по миру»
"in that time we strive to do all the good in our power"
«В это время мы стремимся сделать все добро, что в наших силах»
"when we succeed we receive an immortal soul"
«Когда мы добиваемся успеха, мы получаем бессмертную душу»
"and then we too take part in the happiness of mankind"
«И тогда мы тоже примем участие в счастье человечества»
"You, poor little mermaid, have done your best"
«Ты, бедная русалочка, сделала все, что могла»
"you have tried with your whole heart to do as we are doing"
«Вы старались всем сердцем делать то, что делаем мы»
"You have suffered and endured an enormous pain"
«Вы страдали и терпели огромную боль»
"by your good deeds you raised yourself to the spirit world"
«Своими добрыми делами ты вознесся в духовный мир»
"and now you will live alongside us for three hundred years"
«И теперь ты будешь жить рядом с нами триста лет»
"by striving like us, you may obtain an immortal soul"
«Усердствуя, как мы, вы можете обрести бессмертную душу»
The little mermaid lifted her glorified eyes toward the sun

Русалочка подняла свои прославленные глаза к солнцу
for the first time, she felt her eyes filling with tears
Впервые она почувствовала, как ее глаза наполнились слезами

On the ship she had left there was life and noise
На корабле, который она покинула, кипела жизнь и шум
she saw the prince and his beautiful bride searched for her
Она видела, как принц и его прекрасная невеста искали ее
Sorrowfully, they gazed at the pearly foam
Они с грустью смотрели на жемчужную пену
it was as if they knew she had thrown herself into the waves
Как будто они знали, что она бросилась в волны
Unseen, she kissed the forehead of the bride
Незаметно для себя она поцеловала невесту в лоб
and then she rose with the other children of the air
И тогда она поднялась вместе с другими детьми воздуха
together they went to a rosy cloud that floated above
Вместе они отправились к розовому облаку, которое парило над ними

"After three hundred years," one of them started explaining
— Через триста лет, — начал объяснять один из них
"then we shall float into the kingdom of heaven," said she
«Тогда мы поплывем в Царство Небесное», — сказала она
"And we may even get there sooner," whispered a companion
— А может быть, мы доберемся туда и раньше, — прошептал один из его спутников
"Unseen we can enter the houses where there are children"
«Невидимыми мы можем проникнуть в дома, где есть дети»
"in some of the houses we find good children"
«В некоторых домах мы находим хороших детей»
"these children are the joy of their parents"
«Эти дети – радость своих родителей»
"and these children deserve the love of their parents"

«И эти дети заслуживают любви своих родителей»
"such children shorten the time of our probation"
«Такие дети сокращают срок нашего испытательного срока»
"The child does not know when we fly through the room"
«Ребенок не знает, когда мы пролетаем по комнате»
"and they don't know that we smile with joy at their good conduct"
«И они не знают, что мы улыбаемся от радости их хорошему поведению»
"because then our judgement comes one day sooner"
«Потому что тогда наш суд придет на один день раньше»
"But we see naughty and wicked children too"
«Но мы видим и непослушных и злых детей»
"when we see such children we shed tears of sorrow"
«Когда мы видим таких детей, мы проливаем слезы скорби»
"and for every tear we shed a day is added to our time"
«И за каждую пролитую нами слезу день прибавляется к нашему времени»

The End
Конец

www.tranzlaty.com